Vom Wollen und Welken
zwischen Wellen und Wolken

KROHSEELKA

Vom Wollen und Welken zwischen Wellen und Wolken

Humoerotristische
Gedichte

© 2023 KROHSEELKA

Édition : BoD – Books on Demand, info@bod.fr
Impression : BoD – Books on Demand, In de Tarpen 42,
Norderstedt (Allemagne)

Impression à la demande

Illustration : KROHSEELKA

ISBN : 978-2-3221-2002-4
Dépôt légal : février 2023

Für alle, die das Leben lieben.

Vom Wollen

NUR DU

Ach, wo habe ich nicht gesucht,
Wie viele Männer schon verflucht.

Und längst die Hoffnung aufgegeben,
Auf ein glücklicheres Leben.

An Liebe nicht im Traum geglaubt,
Bis Du mir den Verstand geraubt.

Die Seele streichelst Du mir sacht.
Geborgenheit gibt jede Nacht.

Deine Küsse machen mich verrückt.
Die Nebennieren sind entzückt.

Und haben allerhand zu tun,
Da sie vor Liebe selten ruhen.

Sanft berührst Du meine Brust.
Überall verteilt sich Lust.

Wie ein Mantel umgibst Du mich.
Neben Dir schlafen ist königlich.

Meine Seele atmet erleichtert auf.
Schmetterlinge flattern zuhauf.

In Deinen Armen schmelze ich dahin.
Für mich bist Du der Hauptgewinn.

Nach Deiner Nähe bin ich süchtig.
Alles vor Dir war nur flüchtig.

Ohne Dich war ich leer.
Ich suche nicht mehr.

Denn ich habe Dich gefunden.
Ich fühle mich mit Dir verbunden.

Ich halte Dich für immer fest.
Die Liebe und das Leben besorgen den Rest.

Erkannt hast Du mein wahres Ich,
Sei versichert. Ich liebe nur dich.

MIT HERZ UND HIRN
UND HAUT UND HAAR

Mit Haut und Haar
Und Herz und Hirn,
Bietet sie dem Leben
Im Sturm die Stirn.

Mit Haut und Haar,
Das ist wohl wahr,
Gibt sie sich auch der Liebe hin.

Ist das Herz im Spiel mit drin,
Steigt das Wasser bis zum Kinn,
Und das Hirn verliert den Sinn.

Während Haut und Haar mit Wonne,
Ertränken in der Abendsonne,
Und sinken auf den Meeresgrund,
Zu finden dort den schönen Mund.

Den zu küssen, ist das Ziel
Als Zeichen des Sieges in diesem Spiel.

Die Meerjungfrau.
Sie weiß ganz genau,
Was sie tut und weswegen.
Sind beide auch längst vergeben.

Das ist das Problem mit der Moral,
Die uns stellt vor jene Wahl.

Zu widerstehen in ewiger Treue,
Oder zu Grübeln aus ewiger Reue,
Es eben nicht getan zu haben.

Der Morgen danach
Bringt die Schmach.
Und das Gehirn wird auch wieder wach.

Was ist nun?
Zu tun?

Was zu entscheiden?
In jedem Fall muss man leiden.

Weil nichts mehr sein wird,
Wie es war,
Wenn man liebt
Mit Haut und Haar.

DER AUGENBLICK

Im Zug.
Neben Dir sitzend
Verging die Zeit wie im Flug.
Zu gern hätte ich sie angehalten,
Um unser Schicksal zu verwalten.

Doch mir bleibt nur diese Stunde
In Gedanken, in der wir beide
Fast ertranken an diesem Sog,
Der überraschend an uns zog.

REISEROMANZE

Allein unterwegs
Dem Schicksal ergeben,
Kann ein jeder die Liebe erleben.

Soll man ihr entgegenlächeln
Oder sie von sich wegfächeln?

Dem Charme des Zufalls zu erliegen,
In Mitreisende sich zu verlieben.

Das Unbekannte uns ewig lockt,
Wie eine stählerne Hand
Im Samthandschuh hockt.

KÖRPERSTRÖME

Wissen sie, welche ich meine?
Nicht der Strom, der in uns fließt,
Sondern der, der zwischen Körpern sich ergießt.

Berührungen jeglicher Art,
Haut und Haar und Herz,
Schließen in uns etwas kurz.

Wohlige Schauer sanfter Natur,
Machen das Streicheln zur Seelenkur.
Und entführen uns in andere Welten.

Elektrizität verschafft uns ein Vergnügen.
Ohne welches unser Leben ärmer wäre.
Knisternde Erotik vertreibt des Alltags Schwere.

Wenn es zwischen Körpern funkt,
Fließt durch sie der Strom der Liebe.
Und gefährlich viele Volt, bestimmen unsere Triebe.

DIE MUSIKALISCHE HAND

Auf meinem Körper spaziert galant Deine Hand
Und bringt mich schnell um den Verstand.

Deine Finger spielen virtuos
In meinem bebenden Schoss.

Unsere Seelen und Herzen im Takt.
Unsere Körper tanzen nackt.

Zu dieser Liebesmelodie,
Die komponierte ein Genie.

FEHLERBETRACHTUNG NACH
ÜBERNACHTUNG

Wenn Körper sich anziehen wie Magneten,
Dann kann man eigentlich nur beten,
Dass auch die Seelen sich gut verstehen.
Doch meist obliegt die Liebeslust
Dem absehbaren Seelenfrust.

Wer denkt schon an den nächsten Morgen?

An jenem dann die Blicke schweifen,
Schmerzende Köpfe wollen begreifen,
Was da wohl geschehen sei.

Wie die Kleider auf dem Boden verstreut,
Liegt die Vernunft und ein jeder bereut.

Beklemmende Stille liegt im Raum.
Vielleicht war es nur ein schlechter Traum?

Leider nicht.
Zu lebendig des Nach(t)barn Gesicht.

Jetzt nur nicht den letzten Bus verpassen.
Bloß nicht bleiben.
In diesem fremden Bett.

Aber da war doch das Begehren.
Man hat nicht versucht, sich dagegen zu wehren,
Weil man den Körper ja haben wollte.

Gehabt ist nun das gestern Begehrte.
Legt Verlangen die falsche Fährte?
Welcher Weg führt zum Glück?

Wer kann das schon sagen?
Wenn Sie mich fragen,

So ein Fehler dann und wann
Treibt den Lernprozess voran.
Doch das Glück wohnt nebenan.

PRINZ LUFTIKUSS

Sanft und seicht,
Bleib er meistens unerreicht.
Für die verzauberten Seelen und Herzen.
Die fern von ihm leiden vor Schmerzen.

Der Wind weht sein Lächeln
Aus der Ferne mal näher,
Trägt es dann wieder fort.
An einen anderen Ort.

Ein grausames Spiel
Mit Sehnsucht und Lust,
Jedoch beglückend,
Trotz absehbarem Frust.

Aus dem Luftschloss kurz entkommen
Für ein paar magische Momente.
Bevor das Glück zerronnen.

PRINZ FEDERLEICHT

Prinz Federleicht
Ist hart und weich
Zugleich.

Frech und frisch
Geht die Hand unter den Tisch
Und legt sich auf den stahlharten Schenkel.
Zur Einwilligung in das zarte Geplänkel.

Lächeln und Blicke werden getauscht,
Worte gewechselt, in die Seele gelauscht.
Hand in Hand dann im Mondenschein
Wird die weite Welt klitzeklein.

Federleicht und sorgenlos
Ziehen wie Kinder beide ihr Los
Des Schicksals in dieser Nacht.
Keiner hat dabei nachgedacht.
Nur gelebt und gefühlt.
Vom Gefühlssturm aufgewühlt.

Zwischen Angst und Lust,
Reue und Frust,
Liegen Sekunden,
Entstehen Wunden,
Die zuweilen,
Nie wieder heilen.

MEIN MAGISCHER MORGEN
MOMENT MANN

Mein Magischer Morgen Moment Mann
Zieht mich aus weiter Ferne an.

Schmetterlinge im Bauch
Fühle ich auch,
Wenn der neue Tag anbricht,
Von Angesicht zu Angesicht.

Frisch, frech, frei,
Was ist schon dabei?

Den Tag gemeinsam zu begrüßen,
Um sich den Alltag zu versüßen.

In der Ferne sich nah zu sein,
Warum soll das verboten sein?

NACHTLEBEN

Eine Nacht,
Zu zweit verbracht,
Hat das Feuer in ihnen entfacht.

Dabei waren sie im Regen.
Niemand gab seinen Segen
Doch sie wollten einfach Leben.

DAS SPEIGELLIEBEBILD

Ein Spiegel neben dem Bett
Ist nett und kokett.

Er sieht recht viel
Vom Liebesspiel,
Wenn man ihn nicht verdeckt.

Er reflektiert,
Was so passiert,
Im Bett und im Raum.
Ist Teil vom gelebten Liebestraum.

Ein lebendes Bild,
Ob sanft, ob wild,
Von liebenden Körpern
Kann er erörtern.

Die Liebenden sehen,
Was sie begehen,
Im lebenden,
Sich bewegenden
Selbstporträt,
Worüber ein jeder in Ektase gerät.
Nur, wer es tut, es auch versteht.

FEUERSPIEL

Nach langem Warten und Bangen,
Ihre Körper sich endlich umschlangen.

Hungrig nacheinander.
Vertraut miteinander.

Ohne jede Scheu.
Und doch so neu.

Der erste Kuss.
Ein Muss.

Nach diesem langen Entbehren,
Wer könnte ihnen jetzt Moral erklären?

Am letzten Tag,
Der Wille verzagt,
Oder gewinnt.
Wie man es nimmt.

Genommen haben sie zu viel,
Bei diesem Mit-dem-Feuer-Spiel.

Doch Ihr Erstreben
War nur - zu Leben.

Gefühle, die sie einen,
Weh tun- wollten sie Keinem.

Doch tun sie es jeden Tag,
wenn sie aneinander denken.
Sie können das Schicksal nicht lenken.
Nur Liebe verschenken.

Davon haben sie so viel,
Dass es entfacht, hat dieses Spiel.

Die Regeln haben sie gemacht,
Am Ende darüber weinend gelacht.

Es gibt nur Verlierer auf allen Seiten,
Jeder Spieler,
Hat ausgehalten.

Viele, viele Monate lang,
Täglich ward es allen bang.

Leben mit Lügen,
Ist kein Vergnügen.

Man muss sich entscheiden,
Und wird vielleicht dennoch leiden.

DAS WIEDERSEHEN

Wie schnell kann die Zeit vergehen?
Dass nach Jahren, sich zu sehen,
Uns vorkommt, als ob es gestern war.

Als wir zum ersten Mal uns trafen,
Kleider und Moral abwarfen.

Die Leidenschaft war auf Glut reduziert.
Jetzt plötzlich und endlich, sie explodiert.

LIEBESSUCHER

Haben Sie schon mal Liebessucher getroffen,
Mit ihnen über Gefühle gesprochen,
Und bis zum Morgen durchgesoffen?

Ich auch nicht.
Aber, Sie wissen doch, dass es Liebessucher gibt?

Menschen, die nicht täglich von derselben Person,
Oder von niemandem geliebt werden.

Seien Sie froh, wenn Sie nicht dazu gehören.
Das Getue um Freiheit und Lebensgefühl
Muss Sie nicht stören.
Es ist nur gelogen, um Unwissende zu betören.

Sie suchen im Leben nur das eine,
Und bleiben manchmal doch allein.

Allein Leben ist schön. Allein sein tut weh.
Brennende Herzen schmelzen den Schnee,
Bis die Liebe flieht, wie ein schönes Reh.

Dann ist das Glück vergangen,
Der Himmel wolkenverhangen,
Ohne dass Sterne daran prangen.

Und im Gewimmel des Lebens
Suchen wir manchmal vergebens.

VERPATZTATZEN

Manche Menschen kommen wie Katzen
Zu einsamen Seelen und Herzen.

Sie strecken ihre gierigen Tatzen
Nach ihnen aus.
Um nach geernteter Zärtlichkeit
Wieder zu verschwinden.
Aus Angst, sich zu verbinden.

Solange sie schnurren, ist alles sehr schön.
Bis sie dann kratzen.
Und gehen.

DIE GEPLATZTE SEIFENBLASE

Kommt mit der Luft
Uns Liebe in die Nase,
Entsteht erst ein Duft
Und dann Ekstase.
Weil Hormone aller Klassen,
Seifenblasen schweben lassen.
Und groß die Lust uns anzufassen.

Wenn Seifenblasen schweben,
Zu Tausenden im Unterbauch,
Erfreuen wir uns am Leben
Und munter sind wir auch.

Doch wenn sie eines Tages platzen,
Wie berührt von Katzentatzen,
Ist es vorbei.
Mit der Träumerei.

Doch in jeder Lebensphase
Tanzt wieder vor einer Nase
Eine schillernde Seifenblase.

Diese lebt länger, wenn wir sie vorbeiziehen lassen
Und an ihren Farben uns erfreuen.
Wer es nicht lassen kann, sie anzufassen,
Könnte es sehr schnell bereuen.

DAS NYMPHLEIN

Ein Nymphlein auf der Wiese saß.
Umgeben ward es nur von Gras,
Das seinen Körper sanft umspielte.

Es ließ vom Windhauch sich zärtlich liebkosen.
Und atmete tief den Duft von Rosen.

Aber es saß dort nicht ohne Grund,
Denn sein süßer zartrosa Mund,
Sehnte den Kuss des Liebsten herbei.

Als der Mond die Sonne ablöste,
Wurde die Nymphe aufgeregt.
Sie hoffte, dass er sich bald zu ihr legt.

Das Erhoffte auch endlich geschah,
Denn ihr Liebster kam ihr nun nah
Und legte sich neben sie.

So lagen sie zu zweit.
Sprachen dabei kein Wort.
Genossen gemeinsam diesen Ort.
Als zur Nacht die Wärme wich,
Bot der Jüngling sich an: Ich wärme Dich.
Und das Nymphlein nahm dankbar an.

Vom Welken

SCHWERKRAFT

Die Schwerkraft macht es uns nicht leicht.
Sie zieht am Gewebe, bis es weicht.

Immer nach unten,
Hat Newton befunden.

So zieht sie an Brüsten und Kinn,
Um zu verdoppeln beide - nach unten hin.

Die Kraft zieht schwer an unseren Körpern.
Ich will es gar nicht weiter erörtern.

FLIEGENDE HITZE

Ich schwitze. Ich tupfe. Ich schwitze.

Ich stutze. In diesem Alter im Klimakterium?
Dieser Gedanke treibt mich um,
Und mir erneut den Schweiß auf die Stirn.
Hoffentlich schmilzt mir nicht mein Gehirn.

Machen Hormone mit mir etwa Witze?
Meine Omi nennt das: die fliegende Hitze.

MITESSER
Ein böses Stiefmuttergedicht

Sie haben etwas Gutes für den Planeten getan
Und einen Familienvater wiederverwendet?

Dann verstehen Sie mich sicherlich
Und ärgern sich gelegentlich
Über Folgendes genau wie ich.

Jedes zweite Wochenende
Und die Hälfte aller Ferien
Begeben sich die Miserien.

Die Invasion der Parasiten
Lässt sie vergessen alle Leviten.

Vier faule Beine unterm Tisch
Warten auf gekochten Fisch.

Alle sagen, dass es schmeckt
Doch niemand hat den Tisch gedeckt.

Haben Sie sich dann erhoben,
werden die Teller zusammengeschoben.

Ohne dass sie sich erheben,
Bleiben sie am Stuhle kleben.

Während sie in die Küche rennen
Und dabei versuchen, nicht zu flennen.

Der gebrauchte Ehemann,
Blicket stumm die Szene an.

Abends dann wird Fern geschaut
Und die Spannung aufgebaut.
Auf dem eigenen Sofa zu Gast
Der Samstagabend wird zur Last.

Nach dem Film, Sie werden lachen,
Muss man noch die Betten machen.

Damit die großen Kleinen
Dabei nicht etwa weinen.

Danach geht es ans Zähne putzen,
Wozu sie Ihre Zahncreme benutzen.
(weil diese einfach besser ist.)

Doch dann und wann bemerken Sie
Die markenabhängige Strategie.

Haben Sie eine billige Version
Überdauert sie mehrere Tage schon.

Aber Ihre teure Tube
Leeret sich so wie im Fluge.

Wo wir uns schon im Bad befinden,
Lassen Sie mich schnell begründen,
Warum es mir zuwider ist,
Wenn ein Mitesser bei uns ist.

Sie werden es vielleicht nicht glauben,
Wie sie mir die Nerven rauben,
Aber wenn sie duschen,
Kann ich nur noch fluchen.

Das ganze Bad ist unter Wasser
Ein Rohrbruch wäre nicht viel nasser.

Haare überall am Boden,
Die Wäsche nicht mal aufgehoben.

Faulheit siegt über Distanz und Scham
Und legt den Anstand völlig lahm.

Sie trocknen sich mit unseren benutzten
Handtüchern ab
Und beschmutzen
So auch noch unser Bad.

Am Morgen gibt es dann Frühstück um zwölf.
Der nett gedeckte Frühstückstisch
Bleibt so bis zum Mittagsfisch.

Leere Tassen, verkrümelte Teller
Und Ich gehe zum Schreien in den Keller.

An Geburtstag und Weihnachten
Gebe ich Ihnen zu beachten,
Dass sie mit Liebe Geschenke aussuchen,
Doch im Gegenzug, nichts zu verbuchen.

Und dennoch kann ich sie nicht hassen,
Denn eines muss man ihnen lassen,
Sie mögen mich, so wie ich bin
Und das nehme ich sehr dankbar hin.

Denn ich habe ihren gebrauchten Papa
Und sie eine neu Stiefmama.

Und man muss sie einfach lieben
Denn Hormone haben diese Zeilen geschrieben.

Und zum Glück vergeht
Eines Tages die Pubertät.

SCHNARCHEN

Was ist das doch für ein Geräusch,
Das meistens nachts uns entfleucht.

Erst ein aspiriertes, nasaliertes pharyngales rollendes
NCHRRRRRR, NCHRRRRRR, NCHRRRRRR…

Gefolgt von einem exsoufflierten labialen
PFFFFFFFF, PFFFFFFFF, PFFFFFFFF…

So geht es manchmal die ganze Nacht,
Bis jemand, oder man selbst, davon erwacht.

So viel zum Schnarchen mit dem Mund.

Denn auch mit anderen Organen,
Lassen sich Schnarch Geräusche erlangen.

Die sind immer exsoufliert,
Was manchmal schon sehr imponiert.

Doch was können wir machen,
Außer darüber zu lachen.

Denn, wo Luft ist, da muss sie weichen.
Auch wenn andere Leute dabei erbleichen.

DER RATTENFÄNGER

Ich warte nicht mehr länger.
Ich hole einen Rattenfänger.

Das habe ich noch nie gemacht,
Nicht mal im Traum daran gedacht.

Doch heute muss es sein,
Von Ratten soll er mich befreien.

Diese Rattenbande
Macht mir schwere Schande.

Sie belagern meinen Schuppen
Und organisieren sich in Gruppen.

Es sind die reinsten Terroristen,
Doch heute will ich sie überlisten.

Der Rattenfänger eilt herbei
Und bringt mit sich so allerlei.
Zwei Koffer voll Tod.

Er geht beherzt in das Rattenloch
Ein wenig Angst hat er doch.

Denn als er die erste sieht,
Merke ich wie ihm geschieht.

Die Ratten, die sind groß und fett,
Doch ihr Jäger, der ist nett.

Mit kriminalistischem Gespür,
Plant er alles hinter geschlossener Tür.

Käse und Gift für die Nager,
Er hat einiges auf Lager.

Der ganze Schuppen wird vermint
Das haben die Biester echt verdient.

Der Exterminator beruhigt mich sehr
Bald habe ich keine Ratten mehr.

Er wird nur noch zweimal kommen
Dann haben wir gewonnen.

Und die Ratten sind besiegt
Gut, dass es Rattenfänger gibt.

Doch schon im nächsten Jahr
Sind die Ratten zurück, das ist mir klar.

STERBEN MIT DIR

Was heute ich erfahren hab an Deiner Seit',
Will ich bewahren für die Ewigkeit.

Du hast mich eingeladen, Dir zuzuhören.
Und niemand durfte Dich dabei stören.

Ich war geehrt und gerührt zugleich.
Und dachte erst, es sei ein Streich,
Den Deine Krankheit uns da spielt.

Denn seit vielen Jahren treibt Dein Gehirn,
Dir ratlose Falten auf Deine Stirn,
Wenn Du Deine Worte suchst
Und ganz unbewusst Deine Leiden verfluchst.

Heute lernst Du mich mal wieder kennen
Du kannst sogar meinen Namen nennen.

Da freut mich sehr und wundert mich nicht
Denn dem Ende so nah, erhellt wie ein Licht,
Auch die düstersten Windungen in Deinem Gehirn
Und glatt und jung wirkt Deine Stirn.

Ich halte Deine Hand und Du die Meine.
Wir sind beide zusammen allein.

Und dann erzählst Du mir aus Deinem Leben.
Deine Worte, ganz klar und gesund, schweben,
Aus Deinem zahnlosen Mund.

Dann sagst Du mir, dass Du nicht weißt,
Was die Zukunft für Dich verheißt.
Und, dass Du Deine Söhne liebst.
Ich sehe, wie Du Dich in Gedanken vertiefst
Und Dir Fragen stellst.

Dein klarer Blick auf Deinen Garten gerichtet,
Die Augen starr, wie abgelichtet,
So fragst Du Dich, wie es weiter geht.
Während der Tod schon neben Dir steht.

Wir reden über dies und das.
Und plötzlich wird Dein Auge nass.
Und wenig später auch das meine.
Du siehst mit Sorge, dass ich weine.

Und das Lächeln kommt zurück.
Wir gehen gemeinsam das nächste Stück
Deines letzten Weges.
Hand in Hand geht es voran
Nach jedem Schritt halten wir an.

Du sagst, es sei noch zu früh für Dich.
Sterben scheint Dir noch unwirklich.

Für dieses Mal bleiben wir stehen.
Wir werden am nächsten Tag weitergehen.
Ich sage: Bis morgen! Ohne zu lügen.
Und Du lächelst mich an und sagst: Mit Vergnügen!

Als ich Dir den Rücken kehr,
Wird mein Herz mir warm und schwer.

Am nächsten Morgen bist Du müde.
Und auch das Wetter ist jetzt trübe.

Doch du erkennst mich und lächelst mir zu.
Und wieder reden wir in aller Ruh.

Du bist so wach wie nie zuvor;
Und du weißt, es ist das letzte Tor,
Durch das Du zu gehen hast.
Und wir spüren Deine Last.

Die letzten Meter machen Dir Angst.
Nur Liebe und Mut, Du von uns verlangst.

Um diesen letzten Weg zu bestreiten,
Müssen und wollen wir Dich begleiten.

Ich sage: Bis morgen. Mit zögernder Stimme.
Und Du bleibst ernst und Herr Deiner Sinne.

Morgen bin ich nicht mehr da! Sagst Du.
Ich streichele Dein Haar und lass Dich in Ruh.

Am nächsten Morgen bei strömendem Regen,
Hast Du aufgehört, Dich zu bewegen.
Aus Deinem Mund nur ein lautes Röcheln,
Die Lebensflamme hält Dich am Köcheln,
Doch wird langsam immer kleiner,
Bis sie schließlich völlig erlischt,
Wie am Strand vom Meer die Gischt.

Du hattest ein erfülltes Leben,
Und du hast von Dir so viel gegeben.
Deine Söhne versöhnt,
Deine Schmerzen verstummten,
Die Familie vereint in friedlicher Runde,
Du warst nicht allein-in Deiner letzten Stunde.

HERBSTWIND

Fröhlich fallen tanzend
Buntgefärbte Blätter von hohen Bäumen.

Lass es uns heute nur nicht versäumen,
In den sonnigen Park zu gehen.

Wie schön es doch ist zu zweit,
Das Leben zu bestehen.

ZWISCHEN WELLEN
UND WOLKEN

ZWISCHEN WELLEN UND WOLKEN

Zwischen Himmel und Meer
Gefällt es mir sehr.
In jeder Wolke
Sah ich nur, was ich wollte.

Blumen und Muscheln.
Jemandem zum Kuscheln.

Spiegelt sich das Meer im Himmel?
Auf beiden Seiten viel Gewimmel.

Oben fliegen Federn,
Unten schwimmen Flossen,
Ohne zu zögern,
Habe ich beides genossen.

Blätter im Wind
Algen im Strom
Habe ich als Kind
Gesehen schon.

MEIN LIEBER SCHWAN

An einem Dezembersonntagmorgen,
Vergesse ich all meine Sorgen,
Beim Spaziergang am Kanal.
Die Woche war nur eine Qual.
Ich gehe über eine Brücke
Und sehe durch die Geländer Lücke
Zwei schöne Schwäne.

Ihnen folgen sieben Söhne,
Oder Töchter stolz und grau.
Und eine kleine weiße Schwanenfrau.

So, denke ich mir, muss es sein.
Denn, das weiße Federtier ist klein.
So weiß, wie die Eltern, aber irgendwie,
Auch anders als sie.

Auf einmal jagt der Schwanen Papa
Die kleine Schwänin fort.
Weg von diesem schönen Ort.

Dabei dreht das Tier sich um,
Und ich verstehe. War ich dumm.

Geblendet von dem weißen Glanz.
Der achte Schwan war eine Gans.

DIE LIEBE SEEKUH

Es schwebt behäbig am Meeresgrund,
Die liebe Seekuh mit offenem Mund.

Zu grasen voll Inbrunst,
Das ist eine Kunst,
Weil sie es unter Wasser tut
Und niemand hört, wie schön sie muht.

Nicht schlank, nicht rank,
Nicht krank, aber blank,
Dreht sie ihre Runden,
Täglich viele Stunden.

DSCHUNGELHÜHNER
(Gallus Gallus Botanicus)

Unsere fünf Hühner
Werden täglich kühner.

Sie leben im Dschungel
Aus einem Gefummel

Von Brennnesseln
An allen Stellen
Ihres Geheges.
Doch schreiten ihres Weges.

Sie legen täglich uns fünf Eier
Fühlen sich danach gleich freier.

Hüpfen und flattern,
Gackern und schnattern,
Wenn es Futter gibt.
Ich habe mich in sie verliebt.

DER SEELENMÜLLSCHLUCK

Der Seelenmüllschluck
Schluckt Seelenmüll.
Er stürzt sich auf ihn mit Gebrüll.

Er frisst alles von Angst bis Liebe,
Verborgene Gefühle und allerlei Triebe.

Sein Magen ist unendlich weit,
Zum Seelenmüllschlucken stets bereit.

Stress und Wut
Tun ihm gut.
Und füllen seinen Magen.
An Seelenmüll kann er sich laben.

Mit der Zeit,
Dick und weit,
Droht er zu explodieren.
Dann muss man therapieren.

SEELENMALER

Mit welchen Farben malt die Seele?
Mal Schwarz und Weiß.
Mal kunterbunt.
Alle Farben sind gesund.

Das Leben bereitet sie vor uns aus,
Lädt ein uns zum Malen tagein, tagaus.

Und wenn eine Seele im Dunkeln ist,
Bringt Farbe sie zurück ins Licht.

Es ist alles eine Frage der Zeit.
Die Lebensfarbenpalette ist immer bereit.

SEELENWETTER

Von heiter bis netter,
Von Griesgram zu Griesgrau,
Von Dürre bis fetter,
Erträgt die tapfere Frau,
Geduldig jedes Seelenwetter.

SEELENBILDER

In Seelenbildern blättern,
Wie in einem Buch,
Mag Träume leicht zerschmettern,
Und wirken, wie ein Fluch.

Ob schwarz-weiß,
Oder in Farbe,
Jedes Bild
Ist eine Narbe.

In eines Menschen Seelenbaum
Sind Bilder Wahrheit oder Traum.
Doch immer sind sie eingraviert,
Niemals durch Tränen ausradiert.

SONNENWÄRME

Ein kleiner Fisch im grauen Meer
Schwamm lange tapfer allein daher.

Dann und wann, wenn die Sonne kam,
Wurde sein kleines Herz ihm warm.

KROHSEELKA

Ist ihr Pseudonym,
Wie das Meer, mal ungestüm,
Mal zart und roh,
Doch überwiegend seicht und froh,
Ist ihre Seele.
Die ihrer Feder gibt Befehle.

Sie schwimmt im Wort
Von hier nach dort
An einen fernen Ort.

Sie ist nicht mehr jung
aber auch noch nicht alt.

Weder verblüht,
Noch verwelkt,
Stetig bemüht
In dieser Welt.

Ringelnatz und Morgenstern
Hatte sie als Kind schon gern.

Sie malt mit Worten und schreibt mit Farbe
An Hals und Seele hat sie eine Narbe.
Mit geschriebenen Scherzen
Vergisst sie manche Schmerzen.